Made in the USA
Coppell, TX
07 April 2022

76157510R00069